1年のふくしゅう①

合かく 15もん

1 つぎの ―― の 読《よ》み方《かた》を 書《か》きましょう。

［　　］［　　］［　　］

① 五月五日は、子どもの日だ。

［　　］［　　］［　　］

② 木の 下で しばらく 雨やどりを する。

［　　］［　　］［　　］

③ 小川で 小さな 石を ひろう。

［　　］［　　］［　　］

④ 男が 広《ひろ》い 田んぼの 土を たがやす。

①「五月五日」の五は，読み方がちがうよ。

2 つぎの 漢字《かんじ》を 書きましょう。

＊（　）は おくりがなも 書きましょう。

① □□□《さんびゃくねん》 つづく □《もり》。

② □《たけ》 やぶに （　　）《はいる》。

③ たこの □《あし》 は □□《はっぽん》 だ。

④ □《ぶん》 を （　　）《ただしく》 書く。

答えは 89 ページ

LESSON 2

1年のふくしゅう ②

シール

正かい 18もん中　　もん／合かく 15もん　　月　日

1 つぎの ――の 読《よ》み方《かた》を 書《か》きましょう。

① 花火［　　］の 音［　　］が 聞《き》こえる。

② 休日［　　］は、たくさんの 本［　　］を 読んだ。

③ 人［　　］は 右［　　］がわ、車は 左［　　］がわ通行《つうこう》だ。

④ 森林［　　］で すう 空気［　　］は、おいしい。

2 つぎの 漢字《かんじ》を 書きましょう。

① □《め》と □《みみ》の はたらきを （　　）《まなぶ》。

② さいふから お□《かね》を （　　）《だす》。

③ □□《せんせい》は □《ちから》もちだ。

④ （　　）《しろい》 □《かい》がらを ひろう。

LESSON 3

1年のふくしゅう③

シール

正かい 18もん中　もん　合かく 15もん

1 つぎの ——の 読《よ》み方《かた》を 書《か》きましょう。

① 母《はは》は、キャベツの 千切《ぎ》りの 名人だ。
［　　］［　　］

② しずかな 林の 中に ある 大木。
［　　］［　　］［　　］

③ 水とうを もって 出かける。
［　　］［　　］

④ かわいい 子犬が 二ひき 生まれた。
［　　］［　　］［　　］

2 つぎの 漢字《かんじ》を 書きましょう。

① □□《さゆう》を （　　）《みて》、道《みち》を わたる。

② （　　）《あおい》 □《いと》で ぬう。

③ □□《てんき》の よい □□《いちにち》。

④ □《おう》さまと あく□《しゅ》する。

④の「あくしゅ」は
てと てを にぎる
あいさつの ことだよ。

答えは 89 ページ

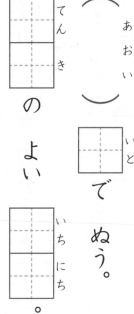

LESSON 4

1年のふくしゅう④

シール

正かい 18もん中　もん／合かく15もん

月　日

1 つぎの ――の 読《よ》み方《かた》を 書《か》きましょう。

① 生きものを そだてるのが、大すきだ。
[　　] [　　]

② 夜《よる》の 空に うかぶ 三日月。
[　　] [　　]

③ 花だんの 草を とる。
[　　] [　　]

④ パソコンで 入力した 文。
[　　] [　　]

2 つぎの 漢字《かんじ》を 書きましょう。

① □□□《じゅうえんだま》が □《なな》まい ある。

② □《あか》ちゃんの □《て》は、（ちいさい）。

③ □《くるま》の 工場《こうじょう》を □□《けんがく》する。

④ □《みず》やりを する □《おんな》の □《こ》。

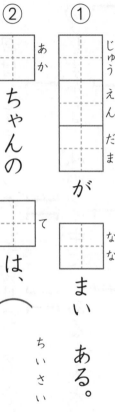

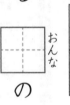

LESSON 5

1年のふくしゅう ⑤

シール

正かい 18もん中

もん　合かく 15もん

1 つぎの ――の 読《よ》み方《かた》を 書《か》きましょう。

① 雨［　　］が 早［　　］く 上［　　］がって ほしい。

② おかしが 九つ［　　］ 足［　　］りない。

③ 大［　　］きな 円［　　］い テーブル。

④ お正月［　　］に たくさんの お年玉［　　］を もらう。

2 つぎの 漢字《かんじ》を 書《か》きましょう。

① □□《あおぞら》の □《した》に そびえ（　たつ　）大木。

② （　やすみ　）時《じ》間《かん》に ねん□《ど》で あそぶ。

③ となり□《まち》の □□□《しょうがっこう》へ 行《い》く。

④ □《むし》□《な》の 前《まえ》を しらべる。

答えは89ページ

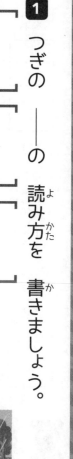

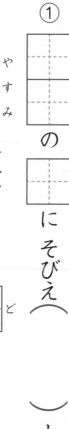

LESSON 6 1年のふくしゅう⑥

シール

正かい18もん中
もん
合かく15もん
月
日

1 つぎの ――の 読《よ》み方《かた》を かきましょう。

① 竹林で めずらしい 草花を 目に する。
［　　］［　　］［　　］

② まっ赤な 夕日。
［　　］［　　］

③ 男女 合《あ》わせて 六人の グループ。
［　　］［　　］

④ みんなより 先に 下校する。
［　　］［　　］

2 つぎの 漢字《かんじ》を かきましょう。

① □《あま》の □《がわ》を （　　）《みる》。

② □《おん》楽《がく》を □《くち》ずさむ。

③ □□《かざん》の 近《ちか》くに ある □《むら》。

④ □□《しがつ》から □□□《にねんせい》だ。

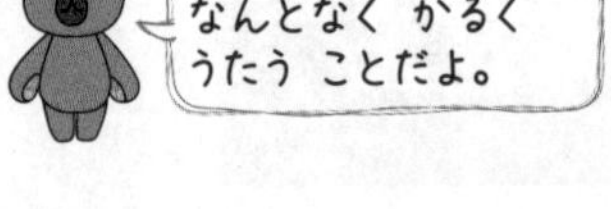
②の「くちずさむ」は

LESSON 7

漢字を読もう

牛・工・矢・知・書

シール

正かい 10もん中　もん／合かく 8もん

① かわいい 子牛。

② 牛にゅうを のむ。

③ 工作《さく》が とくいだ。

④ 工ふうする。

⑤ 大きな 矢じるし。

⑥ 矢を いる。

⑦ 知らない 人だ。

⑧ 知人に 会《あ》う。

⑨ 漢字《かんじ》を 書く。

⑩ 書名を おぼえる。

チェックポイント

「知」は、「矢」と「口」を 組《く》み合《あ》わせて できた漢字です。

「書」の ひつじゅんは、「㇆→⺕→⺕→⺕→聿→聿→書→書→書」です。

答えは89ページ

LESSON 8

漢字を書こう

シール

正かい 12もん中　もん　合かく10もん

月　日

①高《たか》い□《ぎゅう》にく。

②□□《もっこう》用《よう》ボンド。

③弓《ゆみ》と□《や》。

④もの（　）《しり》な母《はは》。

⑤□□《じんこう》のしま。

⑥正しい□《ち》しき。

⑦字を（　）《かく》。

⑧□《や》を当《あ》てる。

⑨時《じ》間《かん》を（　）《しる》。

⑩父《ちち》は□□《だいく》だ。

⑪□《うし》と馬《うま》。

⑫□□《ぶんしょ》にのこす。

漢字を読もう 行・羽・肉・色・方

シール

正かい10もん中　もん　合かく8もん

① 学校へ 行く。［　　］

② れんしゅうを 行う。［　　］

③ 行動《どう》が すばやい。［　　］

④ 羽かざりを つける。［　　］

⑤ 二羽の にわとり。［　　］

⑥ 肉じゃがを 作《つく》る。［　　］

⑦ 水色の スカート。［　　］

⑧ 原《げん》色を つかう。［　　］

⑨ 本の 読《よ》み方。［　　］

⑩ ここは、一方通行《つうこう》だ。［　　］

チェックポイント

「羽」は、鳥《とり》の 羽の 形《かたち》から できた 漢字《かんじ》です。

「方」の ひつじゅんは、「丶↓亠↓亣↓方」 です。

答えは89ページ

LESSON 10

漢字を書こう

① □□《ごぎょう》のし。

② □□《さんわ》の鳥《とり》。

③ □□《ゆうがた》の空。

④ よい（　　）《おこない》。

⑤ ぶた□《にく》を買《か》う。

⑥ □《こう》進《しん》をする。

⑦ □《にく》だんご。

⑧ きれいな□《しき》さい。

⑨ □□《しほう》をかこむ。

⑩ はとの□《はね》。

⑪ □□《あおいろ》の車。

⑫ （　　）《いき》止《ど》まり。

シール

正かい 12もん中 もん 合かく 10もん

月 日

LESSON 11

漢字を読もう 友・戸・言・谷・首

シール

正かい10もん中　　もん　合かく8もん

① 友だちと 会《あ》う。［　　］

② 兄《あに》の 親《しん》友。［　　］

③ 戸だなの 中。［　　］

④ 家は、一戸だてだ。［　　］

⑤ 古い 言いつたえ。［　　］

⑥ 小言が 多《おお》い。［　　］

⑦ 心を うつ 名言。［　　］

⑧ 谷川を わたる。［　　］

⑨ 金の 首かざり。［　　］

⑩ はん人が 自《じ》首する。［　　］

チェックポイント

「戸」には、「とびら」、「家《いえ》」と いう いみが あります。

「谷」の 一画目《いっかくめ》、二画目に ちゅうい しましょう。

答えは90ページ

LESSON 12

漢字を書こう

① 百人□□《いっしゅ》。

② □《と》をしめる。

③ □《とも》だちの家《いえ》。

④ 意見《いけん》を（　）《いう》。

⑤ ふかい□《たに》。

⑥ □□《てくび》がいたい。

⑦ ね□《ごと》をいう。

⑧ □《たに》そこの川。

⑨ □《ゆう》じょう。

⑩ 全国《ぜんこく》の□□《ほうげん》。

⑪ □《こ》外《がい》に出る。

⑫ 母《はは》へのでん□《ごん》。

シール

正かい12もん中　もん　合かく10もん

月　日

LESSON 13

漢字を読もう

里・麦・長・風・食

シール

正かい 10もん中　もん　合かく 8もん

① 雪《ゆき》ぶかい 山里。［　　］

② 三里 はなれた 村。［　　］

③ 麦わらぼうし。［　　］

④ とても 長い 川。［　　］

⑤ わたしは 長女だ。［　　］

⑥ ここちよい そよ風。［　　］

⑦ 風雨が 強《つよ》い。［　　］

⑧ 食べものを 買《か》う。［　　］

⑨ えさに 食いつく。［　　］

⑩ 夕食の じゅんび。［　　］

チェックポイント

「長」の ひつじゅんは、「丨→𠂆→𠂆→𠂆→𠂆→镸→镸→長」です。

④「長い」の はんたい語《ご》は、「みじかい」です。

答えは 90 ページ

LESSON 14

漢字を書こう

① □《しょく》事《じ》を する。

② ひもの（　　）《ながさ》。

③ □《むぎ》ごはん。

④ □□《せんり》の 道《みち》のり。

⑤ □《く》いしんぼう。

⑥ □□《ふうしゃ》が 回《まわ》る。

⑦ □《かぜ》が ふく。

⑧ 母《はは》の ふる □《さと》。

⑨ □□《こうちょう》先生。

⑩ 貝を（　　）《たべる》。

⑪ □《さと》いもを にる。

⑫ □□《こむぎ》ばたけ。

シール

正かい 12もん中

もん 合かく 10もん

月 日

LESSON 15

漢字を読もう 馬・高・魚・黄・黒

シール

正かい 10もん中 もん 合かく8もん

① ぐん馬県《けん》に 行く。［　　］

② 木馬の おもちゃ。［　　］

③ せが 高い。［　　］

④ 高学年むけの 本。［　　］

⑤ 魚を さばく。［　　］

⑥ 人魚ひめの お話《はなし》。［　　］

⑦ 黄みを おびる。［　　］

⑧ 黄土色の クレヨン。［　　］

⑨ 黒い まめを つまむ。［　　］

⑩ 暗《あん》黒の 世《せ》界《かい》。［　　］

チェックポイント

「馬」の ひつじゅんは、「丨→厂→冂→爫→馬→馬→馬→馬→馬→馬」です。

「魚」「黒」の 点《てん》の むきに ちゅういしましょう。

魚 黒

答えは90ページ

LESSON 16

漢字を書こう

① 白と□《くろ》。

② 人気が（　　）《たかまる》。

③ □□《きいろ》のふく。

④ 赤い□□《きんぎょ》。

⑤ （　　）《たかい》山。

⑥ □□《おうごん》時《じ》代《だい》。

⑦ □《さかな》つりに行く。

⑧ □《こく》板《ばん》にかく。

⑨ □《うま》にのる。

⑩ （　　）《くろい》ねこ。

⑪ □□□《こうこうせい》。

⑫ □□《ばしゃ》にのる。

シール

正かい 12もん中

もん　合かく10もん

月　日

LESSON 17

まとめテスト①

1 つぎの ――の 読《よ》みかたを かきましょう。

① サルは、知力［　　］が とても 高い［　　］。

② 行き先［　　］を 友人［　　］に、事前《じぜん》に 知［　　］らせる。

③ かれに 白羽［　　］の 矢［　　］が 立つ。

④ 馬［　　］は、草食［　　］どうぶつだ。

2 つぎの 漢字《かんじ》を かきましょう。

① □《き》みどり □《いろ》の ぼうしを かぶる。

② □《ぎゅう》にゅうパックを つかった □《こう》作《さく》。

③ □《さかな》より □《にく》の □《ほう》が すきだ。

④ □□《ちょうぶん》を（　　）《かく》。

③の「白羽の 矢が 立つ」は，多《おお》くの 人から えらばれると いう ことだよ。

シール

正かい 18もん中

もん 合かく15もん

答えは90ページ

LESSON 18 まとめテスト ②

シール

正かい18もん中　もん　合かく15もん

月　日

1 つぎの ―― の よみかたを 書きましょう。

① せりふの 言い方［　　］を 工［　　］ふうする。

② 戸［　　］じまりを きちんと 行［　　］う。

③ 村里［　　］の 広い 麦［　　］ばたけに 風［　　］が ふく。

④ 竹馬［　　］の 友［　　］とは、おさななじみの ことだ。

2 つぎの 漢字《かんじ》を 書きましょう。

① □《たに》に さく □□《こうざん》しょくぶつ。

② □《うし》は、草を たくさん（　　）《たべる》。

③ からすの □《はね》は、（　　）《くろい》。

④ □《くび》を（　　）《ながく》して まつ。

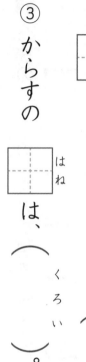

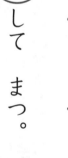

漢字を読もう 記・計・語・読・話

シール

正かい 10もん中 もん 合かく8もん

① 字を 記す。 [　　]

② ノートに 記名する。 [　　]

③ タイムを 計る。 [　　]

④ 生計を 立てる。 [　　]

⑤ 友と 語り合《あ》う。 [　　]

⑥ せかいの 言語。 [　　]

⑦ 本を 読みかえす。 [　　]

⑧ 読書が すきだ。 [　　]

⑨ 先生の 話し方。 [　　]

⑩ 母《はは》と 会話《かい》する。 [　　]

チェックポイント

「言」(ごんべん)は、言葉《ことば》に かんけいの ある ことを あらわします。

③「計る」は、時間《じかん》や 数《かず》を 数《かぞ》える ときに つかいます。

答えは90ページ

LESSON 20

漢字を書こう

シール

正かい 12もん中　　もん　合かく 10もん

月　日

① むかし□《ばなし》。

② □《き》おく力が よい。

③ 姉《あね》と（　　）《はなす》。

④ 水温《すいおん》を（　　）《はかる》。

⑤ （　　）《かたり》手。

⑥ □□《おんどく》する。

⑦ □□□《にほんご》。

⑧ □《とう》点《てん》を うつ。

⑨ 名を（　　）《しるす》。

⑩ てがみを（　　）《よむ》。

⑪ 電《でん》□《わ》番号《ばんごう》。

⑫ おんど□《けい》を 見る。

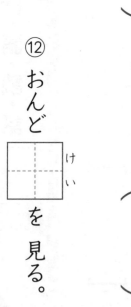

LESSON 21

漢字を読もう

絵・細・紙・線・組

シール

正かい 10もん中 もん 合かく 8もん

① 青色の 絵の具《ぐ》。［　］

② 絵画《が》を 見る。［　］

③ 細かい 字。［　］

④ 細い 糸で ぬう。［　］

⑤ 細心《しん》の ちゅうい。［　］

⑥ 紙しばいを 見る。［　］

⑦ きれいな 表《ひょう》紙。［　］

⑧ 線で むすぶ。［　］

⑨ 色の 組み合《あ》わせ。［　］

⑩ 会社《かいしゃ》の 組しき。［　］

チェックポイント

「糸」（いとへん）は、おりものなどに かんけいが ある ことを あらわします。

「紙」の 八画目《はちかくめ》と 十画目は、はねます。

紙　はねる

答えは90ページ

LESSON 22

漢字を書こう

① おり□《がみ》をおる。

② □□《さいく》する。

③ □《かい》画《が》教室《きょうしつ》。

④ かたを（　　）《くむ》。

⑤ （　　）《ほそい》糸。

⑥ □□《あかぐみ》がかつ。

⑦ サイン□□《しきし》。

⑧ □《せん》を引《ひ》く。

⑨ ぬり□《え》をする。

⑩ （　　）《こまかい》雨。

⑪ 曲《きょく》□《せん》をかく。

⑫ □《そ》しきづくり。

シール

正かい
12もん中

もん　合かく10もん

月　日

LESSON 23

漢字を読もう 遠・近・週・通・道

シール

正かい 10もん中 もん 合かく8もん 月 日

① 音が 遠ざかる。［　　］

② えい遠の ゆめ。［　　］

③ 近くに ある 店《みせ》。［　　］

④ 近年 ない さむさ。［　　］

⑤ 週休二日せい。［　　］

⑥ 通り雨が ふる。［　　］

⑦ びょういんへ 通う。［　　］

⑧ 通気が よい。［　　］

⑨ けわしい 山道。［　　］

⑩ 道路《ろ》を わたる。［　　］

チェックポイント

「辶」（しんにょう・しんにゅう）は、道に かんけいが ある ことを あらわします。

「辶」は、「、→⺀→辶」と、三画《さんかく》で 書《か》きます。

答えは91ページ

LESSON 24

漢字を書こう

シール

正かい 12もん中　もん　合かく 10もん

月　日

①□□《いっしゅう》間《かん》。

②バスで（　）《かよう》。

③□□《とおで》する。

④春《はる》が（　）《ちかづく》。

⑤より□《みち》をする。

⑥（　）《とおく》の山。

⑦□□《つうがく》路《ろ》。

⑧□□《すいどう》を引く。

⑨秋《あき》の□□《えんそく》。

⑩車が（　）《とおる》。

⑪□《きん》所《じょ》の子ども。

⑫今《こん》□《しゅう》のよてい。

漢字を読もう 海・活・汽・池・船

シール

正かい 10もん中 もん / 合かく 8もん

① 海の におい。

② 海水は、しょっぱい。

③ ボランティア活動《どう》。

④ 活力が みなぎる。

⑤ 汽車が 走《はし》る。

⑥ 公園《こうえん》の 池。

⑦ ちょ水池。

⑧ 大きな 船。

⑨ ごうかな 船旅《たび》。

⑩ ここで 下船する。

チェックポイント

「氵」（さんずい）は、水に かんけいが ある ことを あらわします。

「汽」の 右がわは、「気」では なく、「气」です。

答えは91ページ

LESSON 26

漢字を書こう

シール

正かい
12もん中

もん／合かく10もん

月　日

① かん電《でん》□《ち》。

② □□《きしゃ》にのる。

③ □《ふね》にのる。

④ □《うみ》べのけしき。

⑤ ふかい ため□《いけ》。

⑥ □□《かっき》がある。

⑦ 父は□《ふな》のりだ。

⑧ □《かい》岸《がん》を歩《ある》く。

⑨ 学校□□《せいかつ》。

⑩ □□《せんちょう》の合図《あいず》。

⑪ □《うみ》でおよぐ。

⑫ □《き》てきが鳴《な》る。

LESSON 27

漢字を読もう 時・晴・明・曜・公

シール

正かい 10もん中 もん 合かく 8もん

① 時のながれ。[ ]

② 時速《そく》百キロ。[ ]

③ 秋晴《あき》れの一日。[ ]

④ 今日《きょう》はかい晴だ。[ ]

⑤ 明るい友だち。[ ]

⑥ ひみつを明かす。[ ]

⑦ 明らかにする。[ ]

⑧ くわしくせつ明する。[ ]

⑨ 金曜日の夜《よる》。[ ]

⑩ 公正なとり引《ひき》。[ ]

チェックポイント

「日」(ひへん)は、太陽《たいよう》にかんけいがあることをあらわします。

⑤「明るい」のはんたい語は、「くらい」です。

答えは91ページ

LESSON 28

漢字を書こう

シール

正かい
12もん中
もん／合かく10もん
月　日

①月の（　）《あかり》。

②□《こう》しゅう電話《でんわ》。

③□《とき》は金なり

④（　）《あかるい》へや。

⑤□□□《かようび》。

⑥午後《ごご》□□《よじ》。

⑦年が（　）《あける》。

⑧□□《せいてん》になる。

⑨□□□《どようび》。

⑩□□《めいはく》なじじつ。

⑪□《こう》園《えん》へ行く。

⑫雨のち（　）《はれ》。

まとめテスト③

シール

正かい
18もん中
もん
合かく15もん

1 つぎの ―― の 読み方を 書きましょう。

① 船の 中から 海中の 魚を 見る。
［　　　］［　　　］

② 遠足の 思い出を 日記に 書く。
［　　　］［　　　］

③ 明るく、活発《ぱっ》な 女の子。
［　　　］［　　　］

④ 通学で 通る 道は、とても 細い。
［　　　］［　　　］［　　　］［　　　］

2 つぎの 漢字《かんじ》を 書きましょう。

① □□《とけい》が □□《さんじ》を しらせる。

② □《きん》所《じょ》の 友だちと （　　）《かたらう》。

③ ドイツ □《ご》を （　　）《はなす》。

④ □《いけ》の そばで いかだを （　　）《くむ》。

②の「かたらう」
とは，なかよく
はなしあう ことだよ。

答えは91ページ

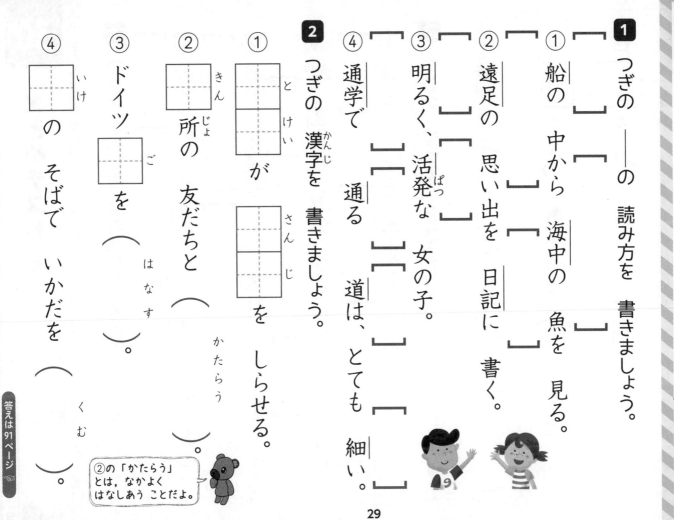

まとめテスト ④

シール

正かい 18もん中
もん 合かく15もん
月 日

1 つぎの ―― の よみ方を 書きましょう。

① 近くに、公立の びょういんが ある。
「　」「　」

② 母と 先週の 日曜日の 話を する。
「　」「　」「　」

③ 朝《あさ》、遠くの 山が 見えたら、晴れるらしい。
「　」「　」

④ 線路《ろ》の 上を 汽車が 走《はし》る。
「　」「　」

2 つぎの 漢字《かんじ》を 書きましょう。

① 時間を （　）《はかって》、ノートに （　）《しるす》。

② □《どう》とくの 教科書《きょうかしょ》を （　）《よむ》。

③ □《かみ》を （　）《こまかく》 切《き》る。

④ （　）《あけ》方の □《うみ》の □《え》を かく。

シール

正かい10もん中　もん　合かく8もん

① ほ育《いく》園に　通う。［　］

② 回り道を　する。［　］

③ 回転《てん》ドアを　くぐる。［　］

④ 国へ　帰《かえ》る。［　］

⑤ 全《ぜん》国の　様子《ようす》。［　］

⑥ 天気図の　見方。［　］

⑦ 妹《いもうと》は　図書がかりだ。［　］

⑧ 自らの　力で　かつ。［　］

⑨ 自ぜんの　中。［　］

⑩ 自生する　きのこ。［　］

チェックポイント

「口」（くにがまえ）は、かこむ　ことに　かんけいする　ことを　あらわします。

「国」の「丶」を　書きわすれないように　ちゅういしましょう。

答えは91ページ

LESSON 32

漢字を書こう

シール

正かい 12もん中

月　日

もん　合かく 10もん

①　□□□《にかいめ》。

②　（　　）《みずから》を正す。

③　遠くの□《くに》。

④　□□《えんちょう》先生。

⑤　赤い□《じ》動《どう》車《しゃ》。

⑥　□□《てんごく》と地《じ》ごく。

⑦　□《ず》と表《ひょう》。

⑧　こまが（　　）《まわる》。

⑨　□□《としょ》館《かん》。

⑩　ゆたかな□《し》ぜん。

⑪　どうぶつ□《えん》。

⑫　タイ□□《おうこく》。

LESSON 33

漢字を読もう 古・合・台・同・少

シール

正かい 10もん中 もん／合かく 8もん

① 古い 考《かんが》え方。［　　］

② 古文を 読む。［　　］

③ 力を 合わせる。［　　］

④ 金がくを 合計する。［　　］

⑤ 屋《や》台が ならぶ。［　　］

⑥ 一台の トラック。［　　］

⑦ 同い年の 男の子。［　　］

⑧ くつと 同色の ふく。［　　］

⑨ 雨が 少し ふる。［　　］

⑩ 妹《いもうと》は 少食だ。［　　］

チェックポイント

「古」の 二画目《にかくめ》と 四画目は はなれ ないように しましょう。

はなれない

① 「古い」の はんたい語は、「新《あたら》しい」です。

答えは91ページ

LESSON 34

漢字を書こう

① （　）《ふるい》さら。

② （　）《あい》ことば。

③ （　）《おなじ》形《かたち》。

④ □□《たいふう》がくる。

⑤ □□《しょうねん》の声《こえ》。

⑥ □□《ちゅうこ》の車。

⑦ （　）《すこし》休む。

⑧ 意見《いけん》が（　）《あう》。

⑨ □□《どうじ》に走《はし》る。

⑩ かずが（　）《すくない》。

⑪ 集《しゅう》□《ごう》する。

⑫ げきの□□《だいほん》。

シール

正かい 12もん中 もん 合かく10もん 月 日

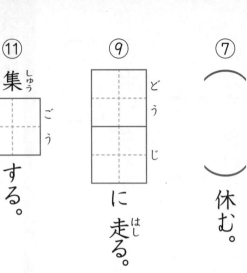

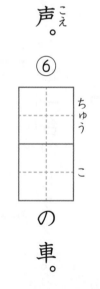

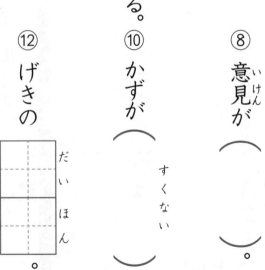

漢字を読もう

何・作・体・家・室

シール

正かい 10もん中 もん 合かく 8もん

①これは、何ですか。［　］

②何人ですか。［　］

③おかずを 作る。［　］

④心に のこる 名作。［　］

⑤体を うごかす。［　］

⑥肉体を きたえる。［　］

⑦家を たてる。［　］

⑧一家の 大黒ばしら。［　］

⑨王さまと 家来《らい》。［　］

⑩音楽《おんがく》室へ 行く。［　］

チェックポイント

「亻」（にんべん）は、人に かんけいが ある ことを あらわします。

「何」の ひつじゅんは、「ノ→亻→亻→仃→何→何→何」です。

答えは 91 ページ

LESSON 36

漢字を書こう

① □□《さっか》になる。

② □《からだ》をまげる。

③ 手（　　《づくり》）のパン。

④ パソコン□《しつ》。

⑤ となりの□《いえ》。

⑥ □□《なんぼん》ですか。

⑦ □□□《としょしつ》。

⑧ ここは空き□《や》だ。

⑨ □《さ》業《ぎょう》する。

⑩ 四人□《か》族《ぞく》。

⑪ □《なに》もない。

⑫ □□《たいりょく》をつける。

シール

正かい12もん中　もん　合かく10もん

月　日

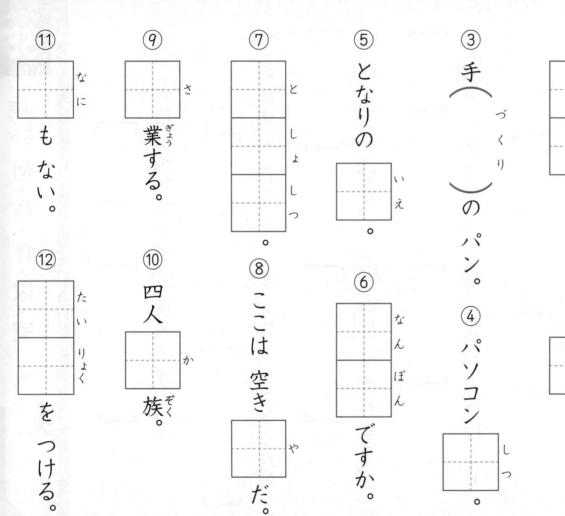

LESSON 37

漢字を読もう

刀・切・分・前・後

シール

正かい 10もん中 もん
合かく 8もん

① 刀を とる。
［　　］

② うつくしい 名刀。
［　　］

③ 紙を 切る。
［　　］

④ 切ない 気もち。
［　　］

⑤ 二つに 分ける。
［　　］

⑥ 十人分の おかし。
［　　］

⑦ 前に すすむ。
［　　］

⑧ うんどう会《かい》の 前日。
［　　］

⑨ 後ろすがた。
［　　］

⑩ 後方に ある 山。
［　　］

チェックポイント

「刀」(かたな) は、切る ことに かんけいが ある ことを あらわします。

⑦「前」の はんたい語は、「後ろ」です。「前後」と いう 語も あります。

答えは92ページ ☞

LESSON 38

漢字を書こう

シール

正かい 12もん中

もん／合かく 10もん

月　日

① □《まえ》を見る。

② □□《しょくご》のくすり。

③ 時間《じかん》（　　）《ぎれ》。

④ □□《ぼくとう》をふる。

⑤ □□《たいせつ》な本。

⑥ のこり□□《ごふん》。

⑦ 犬の（　　）《うしろ》足。

⑧ □□《ぜんかい》の話。

⑨ □《あと》かたづけ。

⑩ □□《すいぶん》をとる。

⑪ □《こ》□《がたな》。

⑫ 引《ひ》き（　　）《わけ》になる。

LESSON 39

漢字を読もう

雲・雪・電・算・答

シール

正かい10もん中
もん　合かく8もん

① 雲行きが あやしい。

② 雲海を 見る。

③ 雪どけの きせつ。

④ 雪上車に のる。

⑤ 電力会社《がいしゃ》を えらぶ。

⑥ 電線の 下。

⑦ かけ算の 問題《もんだい》。

⑧ 旅行《りょこう》の 予《よ》算。

⑨ しつもんに 答える。

⑩ 返《へん》答する。

チェックポイント

「⻗」（あめかんむり）は、天気に かんけいが ある ことを あらわします。

「電」の 「电」の 部分《ぶぶん》は、「いなずま」を あらわして います。

答えは92ページ

LESSON 40

漢字を書こう

① せきらん□《うん》。

② □□《でんち》をかえる。

③ 広大《こうだい》な□《せつ》原《げん》。

④ 大声《おおごえ》で（　　）《こたえる》。

⑤ 足し□《ざん》をする。

⑥ □□□《にゅうどうぐも》。

⑦ □□《ゆきぐに》にすむ。

⑧ □□《せいとう》を出す。

⑨ □《さん》数《すう》を学ぶ。

⑩ □□《でんき》をけす。

⑪ □《ゆき》だるま。

⑫ □□《あまぐも》のうごき。

シール

正かい 12もん中　　もん　合かく10もん

月　日

まとめテスト⑤

1 つぎの——の読み方を書きましょう。

① 高台から［　　］ 田園風けいを［　　］ながめる。

② 国語の［　　］ 時間《じかん》に［　　］ 作文を 書く。

③ ケーキを、［　　］ 同じ 大きさに［　　］ 切り分ける。［　　］

④ 一年生と［　　］ 合同の［　　］ 体育《いく》の［　　］ じゅぎょう。

2 つぎの漢字《かんじ》を書きましょう。

① （ふるい）一けん □《や》に すむ。

② □□《なん》でも □《あと》（まわし）に する。

③ □□《でんわ》で しつもんに □□《かいとう》する。

④ □□《けいさん》の とくいな □□《しょうじょ》。

シール

正かい 18もん中 もん 合かく15もん

答えは92ページ

まとめテスト⑥

シール

正かい 18もん中 　もん 合かく15もん 　月 　日

1 つぎの ――の 読み方を 書きましょう。

① 名刀と よばれる 古代《だい》の 刀。
［　　］［　　］

② 家まで 少なくとも 三十分は かかる。
［　　］［　　］

③ 自ら すすんで 図工室の そうじを する。
［　　］［　　］

④ 自分で 答え合わせを する。
［　　］［　　］

2 つぎの 漢字《かんじ》を 書きましょう。

① ねん土で □《なに》を （　　）《つくる》か なやむ。

② □《からだ》を □□《ぜんご》に まげる うんどう。

③ □《くも》の （　　）《きれ》間《ま》から 月が のぞく。

④ □《ゆき》が たくさん ふる □《くに》。

漢字を読もう

弓・弱・弟・引・強

シール

正かい 10もん中 もん 合かく8もん

① 弓のような 形《かたち》。

② 弓と 矢。

③ 風が 弱い。

④ 相《あい》手《て》の 弱点《てん》。

⑤ 弟は、一年生だ。

⑥ 兄《きょう》弟で あそぶ。

⑦ 家へ 引きかえす。

⑧ 引たいする。

⑨ 雨風が 強まる。

⑩ 勉《べん》強を する。

チェックポイント

「弓」の ひつじゅんは、「コ ↓コ ↓弓」です。

③「弱い」の はんたい語は、「強い」で、「強弱」と いう 語も あります。

答えは92ページ

LESSON 44

漢字を書こう

シール

正かい 12もん中 もん 合かく10もん 月 日

① 体が（　）《よわい》。

② □□《つよび》でやく。

③ （　）《ひき》算をする。

④ □《ゆみ》をもつ。

⑤ □《おとうと》のくつ。

⑥ つなを（　）《ひく》。

⑦ □□《きょうふう》がふく。

⑧ 古い□□《ゆみや》。

⑨ （　）《つよい》雨。

⑩ □□《よわき》になるな。

⑪ □《いん》用《よう》する。

⑫ □□□□《じゃくにくきょうしょく》

LESSON 45

漢字を読もう

兄・元・光・姉・妹

シール

正かい 10もん中 もん 合かく 8もん

①兄と 話す。　［　　］

②兄さんの 本。　［　　］

③身元《み》の かくにん。　［　　］

④お中元を おくる。　［　　］

⑤れいわ元年。　［　　］

⑥ほたるが 光る。　［　　］

⑦かがやく 光。　［　　］

⑧月光が さす。　［　　］

⑨姉は、中学生だ。　［　　］

⑩妹が 生まれた。　［　　］

チェックポイント

「光」の ひつじゅんは、「丨↓⺌↓⺌↓业↓光↓光」です。

「姉」「妹」の 部首《ぶしゅ》は、「女」（おんなへん）です。

答えは92ページ

LESSON 46

漢字を書こう

① □《げん》□《き》な子。

② □《あね》とあそぶ。

③ 月の□《ひかり》。

④ □《がん》□《じつ》の朝《あさ》。

⑤ □《あに》のふく。

⑥ 星《ほし》が（　　）《ひかる》。

⑦ □《いもうと》の先生。

⑧ □《きょう》□《だい》げんか。

⑨ 地《じ》□《もと》のまつり。

⑩ □《にっ》□《こう》よく。

⑪ □《こう》□《せん》があたる。

⑫ □《もと》通りだ。

シール

正かい 12もん中　もん　合かく 10もん

月　日

漢字を読もう 母・毎・父・夏・冬

シール

正かい 10もん中 もん 合かく 8もん

① 母の 顔《かお》を 見る。 [　　]

② おばさんの 母国。 [　　]

③ 毎月、旅行《りょこう》へ 行く。 [　　]

④ 毎回、同じだ。 [　　]

⑤ わたしの 父。 [　　]

⑥ そ父の 家。 [　　]

⑦ 夏の はじまり。 [　　]

⑧ しょ夏の ころ。 [　　]

⑨ 冬山に のぼる。 [　　]

⑩ 冬きオリンピック。 [　　]

チェックポイント

「母」を「毋」と しない ように 気を つけましょう。

「冬」の 点《てん》の むきに ちゅういしましょう。

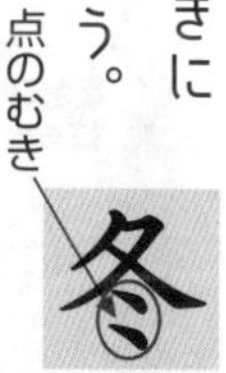

答えは92ページ

LESSON 48

漢字を書こう

① □□《ふぼ》会。

② □《とう》みんする。

③ □□《ぼし》手帳《てちょう》。

④ 楽《たの》しい□《なつ》休み。

⑤ 今日《きょう》は□《はは》の日だ。

⑥ □《ちち》のくつ。

⑦ □《なつ》の日ざし。

⑧ □□《まいとし》行《おこな》う。

⑨ さむい□《ふゆ》。

⑩ □□《まいしゅう》出かける。

⑪ □《か》き休業《きゅうぎょう》。

⑫ □□《ふゆぞら》を見上げる。

シール

正かい 12もん中 もん 合かく 10もん 月 日

LESSON 49

漢字を読もう 外・多・夜・科・秋

シール

正かい10もん中 もん 合かく8もん

① 外で あそぶ。［　］

② 思《おも》いの外、できた。［　］

③ 家族《かぞく》で 外出する。［　］［　］

④ 人口が 多い。［　］

⑤ 多少の ちがい。［　］

⑥ 夜明け前の 町。［　］

⑦ 夜食を 作る。［　］

⑧ 科学を 学ぶ。［　］

⑨ 秋の 夕ぐれ。［　］

⑩ 中秋の 名月。［　］

チェックポイント

「夜」の 七画目《ななかくめ》に ちゅういしましょう。

夜（書きわすれない）

「禾」（のぎへん）は、こくもつに かんけいが ある ことを あらわします。

答えは93ページ

LESSON 50

漢字を書こう

シール

正かい 12もん中

もん　合かく 10もん

月　日

①ま□《よ》□《なか》。

②ボタンを（　）《はずす》。

③冬の□《よる》。

④□《ひゃっ》□《か》じてん。

⑤□《た》数決《すうけつ》をとる。

⑥みのりの□《あき》。

⑦家の□《そと》。

⑧□《しゅう》□《ぶん》の日。

⑨□《や》□《こう》バス。

⑩□《がい》□《こく》の車。

⑪人が（　）《おおい》。

⑫とくい□《か》□《もく》。

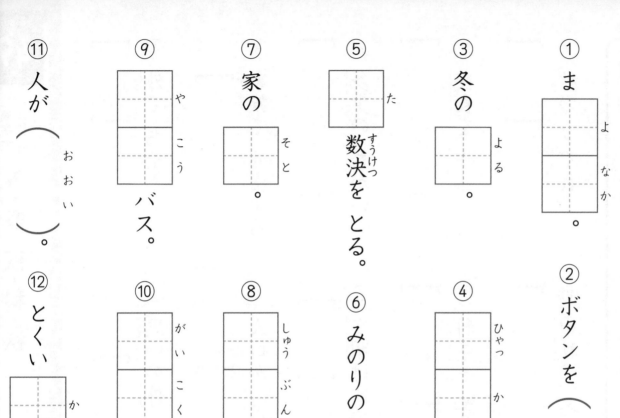

LESSON 51

漢字を読もう

春・星・昼・朝・内

シール

正かい 10もん中 もん 合かく 8もん

① 春らしい 一日。［　］

② 青春の 思《おも》い出。［　］

③ 星が かがやく。［　］

④ 火星を しらべる。［　］

⑤ 昼ねを する。［　］

⑥ おいしい 昼食。［　］

⑦ 朝ねぼうする。［　］

⑧ 新聞《しんぶん》の 朝かん。［　］

⑨ 内気な 人だ。［　］

⑩ 話の 内よう。［　］

チェックポイント

「春」の 五画《ごかく》目《め》に ちゅうい しましょう。

春 ここから書く

「内」の はんたい語は、「外」で、「内外」と いう 語も あります。

答えは93ページ

LESSON 52

漢字を書こう

シール

正かい 12もん中 もん 合かく10もん 月 日

① 長い□《ひる》休み。

② □《しつ》□《ない》ばき。

③ □《しゅん》□《ぶん》の日。

④ □《ちゅう》□《しょく》をとる。

⑤ □《そう》□《ちょう》の空。

⑥ □《あさ》のあいさつ。

⑦ □《ない》しょの話。

⑧ □《こ》□《はる》日和《びより》。

⑨ はこの□《うち》がわ。

⑩ □《ど》□《せい》のわ。

⑪ ながれ□《ぼし》。

⑫ □《はる》にさく花。

まとめテスト ⑦

シール

正かい 18もん中

もん／合かく15もん

1 つぎの ――の 読み方を 書きましょう。

① 弟［　　］は、毎日［　　］ 学校［　　］へ 元気［　　］に 通［　　］う。

② 八月［　　］の 強力［　　］な 太陽《たいよう》光線［　　］。

③ 弓［　　］を 力［　　］いっぱい 引［　　］く。

④ 弱音［　　］を はく 妹［　　］を 姉［　　］が はげます。

2 つぎの 漢字《かんじ》を 書きましょう。

① おには □《そと》、ふくは □《うち》。

② □《はは》は □《あに》を □《あさ》 六時に おこす。

③ □□□《がいこくじん》が （　　）《おおい》。

④ □□□□《しゅんかしゅうとう》を あじわう。

答えは93ページ

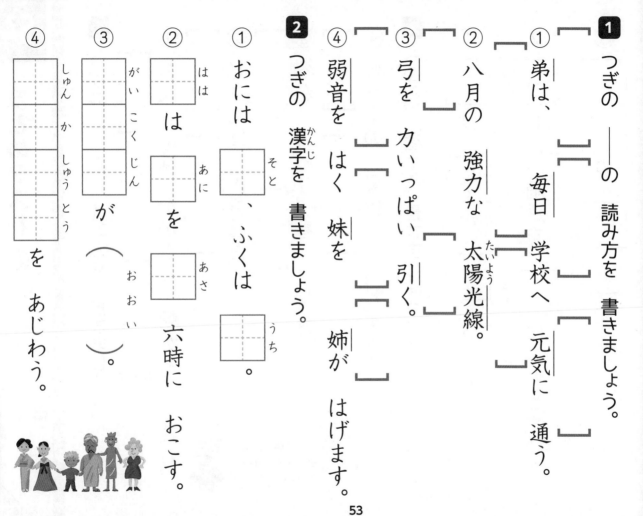

まとめテスト ⑧

シール

正かい
18もん中

もん／合かく15もん

月　日

1 つぎの ――の 読み方を 書きましょう。

① お父さんは、かかさず 朝かんを 読む。
［　　］［　　］

② 兄さんは 内科医《い》だ。
［　　］［　　］

③ 冬が おわり、春に なる。
［　　］［　　］

④ 姉さんの 母校を おとずれる。
［　　］［　　］

①の「朝かん」は
朝 とどく 新聞《しんぶん》の
ことだよ。

2 つぎの 漢字《かんじ》を 書きましょう。

① □《なつ》は、□《ひる》が □《よる》より 長い。

② □《はず》した 雨戸を □《もと》に もどす。

③ □□《もくせい》の □□《いんりょく》が （　　）《つよい》。

④ 空に □《ほし》が （　　）《ひかる》。

LESSON 55

漢字を読もう 楽・東・来・教・数

シール

正かい 10もん中 もん 合かく 8もん

① 楽しく あそぶ。［　　］

② 気楽に くらす。［　　］

③ 東に ある 山。［　　］

④ 東方から ふく 風。［　　］

⑤ 友だちが 来る。［　　］

⑥ 来月は、いそがしい。［　　］

⑦ ひみつを 教える。［　　］

⑧ とくいな 教科。［　　］

⑨ ゆびおり 数える。［　　］

⑩ 数年前の できごと。［　　］

チェックポイント

「楽」の 〇の むきに ちゅうい しましょう。

「東」の ひつじゅんは、

です。

答えは93ページ

LESSON 56

漢字を書こう

シール

正かい
12もん中
もん
合かく 10もん
月
日

① 鳥《とり》の□□《らくえん》。

② □□《きょうしつ》に入る。

③ □《かず》が多い。

④ 休日を（　　）《たのしむ》。

⑤ □《ひがし》の空。

⑥ 道を（　　）《おしえる》。

⑦ 冬が（　　）《くる》。

⑧ □□《すうじ》を書く。

⑨ □□《らいねん》の春。

⑩ □《がっ》きを ひく。

⑪ □《とう》洋《よう》の国。

⑫ お金を（　　）《かぞえる》。

漢字を読もう 心・思・会・今・西

シール

正かい 10もん中 もん 合かく8もん

① やさしい 心。［　　］

② 本心を 明かす。［　　］

③ 夏の 思い出。［　　］

④ 思考《こう》を めぐらす。［　　］

⑤ 先生と 出会う。［　　］

⑥ ドッジボール大会。［　　］

⑦ 今から 行く。［　　］

⑧ 今夜、電話します。［　　］

⑨ 西むきの へや。［　　］

⑩ 町の 西部《ぶ》。［　　］

チェックポイント

「心」の ひつじゅんは、「丶→心→心→心」です。二《に》画《かく》目《め》は はねましょう。

⑨「西」の はんたい語は、「東」で、どちらも 方角《ほうがく》を あらわします。

答えは93ページ☞

LESSON 58

漢字を書こう

①本人の意《い》□《し》。

②□□《にしび》がさす。

③町の□□《ちゅうしん》。

④家族《かぞく》の□□《かいわ》。

⑤やさしい□《こころ》。

⑥□《せい》洋《よう》のれきし。

⑦父と（　　）《あう》。

⑧□□《こんげつ》のよてい。

⑨□《にし》の方向《ほうこう》。

⑩□□《きょう》の天気。

⑪母を（　　）《おもう》。

⑫去年《きょねん》の□《いま》ごろ。

シール

正かい12もん中　もん　合かく10もん

月　日

LESSON 59

漢字を読もう

声・売・鳥・鳴・米

シール

正かい 10もん中 　もん　合かく8もん

① 声をかける。［　　］

② 名声をえる。［　　］

③ 野《や》さいが売れる。［　　］

④ 父は、商売《しょう》上手だ。［　　］

⑤ 池に鳥がいる。［　　］

⑥ 野《や》鳥のかんさつ。［　　］

⑦ ねこが鳴く。［　　］

⑧ お米をとぐ。［　　］

⑨ 新《しん》米を食べる。［　　］

⑩ 毎朝、米食だ。［　　］

チェックポイント

「鳥」の六画目《ろっかくめ》にちゅういしましょう。

鳥 ← 長く書く

⑦「鳴く」はどうぶつがなくときにつかいます。人間にはつかえません。

答えは94ページ

LESSON 60

漢字を書こう

シール

正かい 12もん中 もん 合かく10もん 月 日

① 大きな□《こえ》。

② □□《はくまい》を食べる。

③ 本の発《はっ》□《ばい》日《び》。

④ □□《べいさく》農家《のうか》。

⑤ □《とり》のむれ。

⑥ 食品《しょくひん》を（　）《うる》。

⑦ 虫が（　）《なく》。

⑧ 一羽の□□《はくちょう》。

⑨ □《こめ》をたく。

⑩ テレビの□□《おんせい》。

⑪ （　）《うり》切れる。

⑫ 悲《ひ》□《めい》をあげる。

LESSON 61

漢字を読もう 帰・市・広・店・北

シール

正かい10もん中 もん 合かく8もん

① 学校の 帰り道。［　　］

② 父が、帰たくする。［　　］

③ 活気ある 市場《ば》。［　　］

④ 市外電話を かける。［　　］

⑤ 広い 草原《そうげん》。［　　］

⑥ 新聞《しんぶん》の 広こく。［　　］

⑦ 店先に ならべる。［　　］

⑧ 書店に 立ちよる。［　　］

⑨ 北風が ふく。［　　］

⑩ 台風が 北上する。［　　］

チェックポイント

⑤「広い」の はんたい語は、「せまい」です。

「北」の ひつじゅんは、「丨→ 丨→ 丬→ 丬→北」です。

答えは94ページ

LESSON 62

漢字を書こう

シール

正かい12もん中　もん　合かく10もん　月　日

① □□《きこく》する。

② □□《あさいち》へ行く。

③ □《みせ》じまいだ。

④ □□《こうだい》な星空。

⑤ □《きた》の方向《ほうこう》。

⑥ きゃくが□□《らいてん》する。

⑦ 家へ（　　）《かえる》。

⑧ □□《とうほく》地方《ちほう》。

⑨ □《し》役所《やくしょ》の前。

⑩ 手を（　　）《ひろげる》。

⑪ □□《きたぐに》の春。

⑫ □□□《しちょうそん》。

LESSON 63

漢字を読もう

午・南・半・顔・頭

シール

正かい10もん中　もん　合かく8もん

① もうすぐ 正午だ。［　］

② 南がわの まど。［　］

③ 南西の 風。［　］

④ 五月の 半ばごろ。［　］

⑤ 物語《ものがたり》の 前半。［　］

⑥ 顔を 上げる。［　］

⑦ せん顔を する。［　］

⑧ 頭を なでる。［　］

⑨ 頭つうが する。［　］

⑩ 一頭の 馬。［　］

チェックポイント

「午」と「牛」は、よくにているので、気をつけましょう。

「南」の九画目《きゅうかくめ》にちゅういしましょう。

南　つき出さない

答えは94ページ

LESSON 64

漢字を書こう

シール

正かい12もん中

もん　合かく10もん

月　日

①□□《ごご》の三時。

②□《かお》合わせ。

③□《みなみ》むきの家。

④□《がん》面《めん》をうつ。

⑤□《あたま》を下げる。

⑥□□□《はんとしまえ》。

⑦□□《ずじょう》を見る。

⑧話の（　）《なかば》。

⑨□□《きょうとう》先生。

⑩□□《かおいろ》がよい。

⑪□□□《ごぜんちゅう》。

⑫□□《なんごく》のしま。

止・歩・走・親・新

シール

正かい 10もん中 もん 合かく 8もん

① 電車が 止まる。［　　］

② 活動《かつどう》を 休止する。［　　］

③ ゆっくり 歩く。［　　］

④ 五歩 すすむ。［　　］

⑤ 校庭《こうてい》を 走る。［　　］

⑥ 力走を 見せる。［　　］

⑦ 自ぜんに 親しむ。［　　］

⑧ 肉親を さがす。［　　］

⑨ 新がた県《けん》の 天気。［　　］

⑩ 新雪が つもる。［　　］

チェックポイント

「止」は かた方の 足あと、「歩」は 左右の 足あとを えがいた 漢字《かんじ》です。

「新」の「斤」は、四画《よんかく》で 書きます。

答えは94ページ

LESSON 66

漢字を書こう

① （　　）《あらたな》年。

② 車を（　　）《とめる》。

③ 会は□□《ちゅうし》だ。

④ □□《そうこう》きょり。

⑤ 右を（　　）《あるく》。

⑥ □□□《しんにゅうせい》。

⑦ 牛の（　　）《あゆみ》。

⑧ （　　）《したしい》友。

⑨ 二足□□《ほこう》。

⑩ （　　）《あたらしい》ふく。

⑪ （　　）《はしり》書き。

⑫ ぞうの□□《おやこ》。

シール

正かい
12もん中
もん
合かく 10もん

月　日

まとめテスト⑨

シール

正かい
18もん中

もん／合かく15もん

1 つぎの ―― の 読み方を 書きましょう。

① 午後三時半［　　］に かれと 会う［　　］よていだ。

② 市長［　　］は、もう お帰り［　　］に なられました。

③ 帰国［　　］した 兄は、顔［　　］が 広［　　］い。

④ 米国［　　］から 友だちが 来日［　　］する。

2 つぎの 漢字《かんじ》を 書きましょう。

① 太陽《たいよう》は、□《ひがし》から □《にし》へ しずむ。

② お□《みせ》の 場所《ばしょ》を （　　）《おしえる》。

③ □□《ことり》の （　　）《なき》□《ごえ》。

④ □□《にんずう》を （　　）《かぞえる》。

③の「なき」の 漢字は とりや 虫，どうぶつに つかうよ。

答えは94ページ

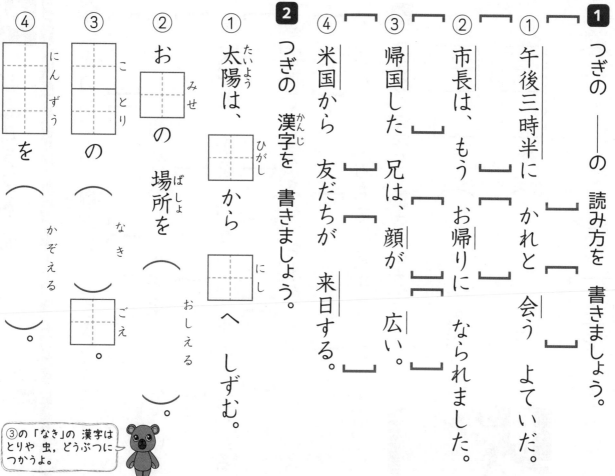

まとめテスト ⑩

シール

正かい 18もん中

もん 合かく15もん

月 日

1 つぎの ——の 読み方を 書きましょう。

① 今［　　］、親友［　　］は、北海道［　　］に すんで いる。

② 父親［　　］と 手を つないで 歩道［　　］を わたる。

③ 店頭［　　］で たくさん お米［　　］が 売られて いる。

④ 新［　　］たな 気もちで 新年［　　］を むかえる。

2 つぎの 漢字《かんじ》を 書きましょう。

① □□《とうざい》に （　　）《はしる》道。

② □□《おんがく》を （　　）《とめる》。

③ （　　）《おもいやり》の □《こころ》を もつ。

④ □《みなみ》の はしに ある □□《きょうしつ》。

漢字を読もう

京・交・岩・直・原

シール

正かい 10もん中 もん／合かく 8もん

①［　　］京人形《にんぎょう》を かざる。

②小石が 交ざる。［　　］

③［　　］交さ点《てん》を まがる。

④岩山を のぼる。［　　］

⑤［　　］火山岩の かけら。

⑥アンテナを 直す。［　　］

⑦［　　］直ちに 帰りなさい。

⑧出発《しゅっぱつ》の 直前。［　　］

⑨野《の》［　　］原を かける。

⑩うつくしい 高原。［　　］

チェックポイント

「岩」は、「山」と「石」を 組み合わせて できた漢字《かんじ》です。

⑥「直す」は、「病気《びょうき》を なおす」の ときは つかいません。

答えは94ページ

LESSON 70

漢字を書こう

① みどりの□□《そうげん》。

② 作文を（　　）《なおす》。

③ □□《じょうきょう》する。

④ 友と（　　）《まじわる》。

⑤ 白い□□《がんせき》。

⑥ □《きょう》のみやこ。

⑦ 広い□《はら》っぱ。

⑧ 大人に（　　）《まじる》。

⑨ □□《にっちょく》のしごと。

⑩ □□《こうつう》整理《せいり》。

⑪ □□《しょうじき》な人。

⑫ □《いわ》の多い山。

シール

正かい
12もん中
もん
合かく10もん
月
日

LESSON 71

漢字を読もう　場・地・太・寺・当

シール

正かい10もん中　もん　合かく8もん

① 足場を　かためる。［　　］

② コンサート会場。［　　］

③ 地下に　もぐる。［　　］

④ 地声が　大きい。［　　］

⑤ うでが　太い。［　　］

⑥ 太古の　生物《せいぶつ》。［　　］

⑦ お寺の　にわ。［　　］

⑧ 東大寺の　大ぶつ。［　　］

⑨ ボールを　当てる。［　　］

⑩ 見当を　つける。［　　］

チェックポイント

「ｵ」（つちへん）は、土に　かんけいが　ある　ことを　あらわします。

⑤「太い」の　はんたい語は、「細い」です。

答えは94ページ☞

LESSON 72

漢字を書こう

① 天と□《ち》。

② （　　）《あたり》くじだ。

③ □□《にゅうじょう》行進《こうしん》。

④ □《じ》院《いん》めぐり。

⑤ □《たい》陽《よう》の光。

⑥ □□《じもと》の友人。

⑦ （　　）《ふとい》木。

⑧ きずの手（　　）《あて》。

⑨ 丸《まる》□《た》小屋《ごや》。

⑩ 公園の□□《ひろば》。

⑪ □《てら》のかね。

⑫ 遠足の□□《とうじつ》。

シール

正かい 12もん中　　もん　合かく 10もん

月　日

漢字を読もう 画・番・点・万・丸

シール

正かい 10もん中 もん 合かく 8もん

① 画家を 目ざす。［　　］

② お楽しみ会の 計画。［　　］

③ 店番を まかせる。［　　］

④ 番犬を かう。［　　］

⑤ 花火に 点火する。［　　］

⑥ テストの 点数。［　　］

⑦ 万年筆《ひっ》で 書く。［　　］

⑧ 地球《ちきゅう》は 丸い。［　　］

⑨ 丸ごと かじる。［　　］

⑩ チーム 一丸に なる。［　　］

チェックポイント

「画」の 四画目は つき出しません。

画（つき出さない）

⑧「丸い」と「円い」
丸い…丸い ボール（たま）。
円い…円い まど（円）。

答えは95ページ

LESSON 74

漢字を書こう

シール

正かい 12もん中　合かく 10もん　もん　月　日

① テレビ□□《ばんぐみ》。

② □□《てんせん》を引く。

③ 紙を（　　）《まるめる》。

④ □□《てんすう》をつける。

⑤ □□□《まんぽけい》。

⑥ まん□《が》を読む。

⑦ □□《まるがお》の子。

⑧ 漢字《かんじ》の□□《かくすう》。

⑨ □□□《ひゃくまんねん》前。

⑩ ほう□《がん》なげ。

⑪ ゆうびん□《ばん》号《ごう》。

⑫ □□《ずが》工作《こうさく》。

漢字を読もう 門・間・聞・買・野

シール

正かい10もん中　もん　合かく8もん

① 門をあける。［　　］

② 入門書を読む。［　　］

③ 木と木の間。［　　］

④ 手間をかける。［　　］

⑤ おきる時間。［　　］

⑥ 聞き耳を立てる。［　　］

⑦ 見聞を広める。［　　］

⑧ くだものを買う。［　　］

⑨ 野にさく花。［　　］

⑩ 野草をつむ。［　　］

チェックポイント

「間」は、門のあいだから のぞく月をえがいた漢字《かんじ》です。

「聞」の部首《ぶしゅ》は、「門」(もんがまえ)ではなく、「耳」(みみ)です。

答えは95ページ

LESSON 76

漢字を書こう

シール

正かい 12もん中 もん 合かく10もん

月 日

① 家の□□《ひろま》。

② 車を□□《ばいばい》する。

③ □□《ねんかん》行《ぎょう》事《じ》。

④ □□《のやま》であそぶ。

⑤ （　　）《かい》もの上手。

⑥ □□□《しんぶんし》。

⑦ □《もん》の外。

⑧ □□《にんげん》の体。

⑨ 音を（　　）《きく》。

⑩ 学校の□□《せいもん》。

⑪ 岩と岩の□《あいだ》。

⑫ □□《やせい》のサル。

漢字を読もう

形・角・才・考・用

シール

正かい 10もん中 もん 合かく 8もん

①いろいろな 形。[　　]

②図形を えがく。[　　]

③角を まがる。[　　]

④三角に おる。[　　]

⑤絵の 才のう。[　　]

⑥八才に なる。[　　]

⑦ものの 考え方。[　　]

⑧考あんする。[　　]

⑨はさみを 用いる。[　　]

⑩しょうか作用。[　　]

チェックポイント

「角」の 五画目に ちゅうい しましょう。

角 つき出さない

「用」の ひつじゅんは、「丿→⺆→月→月→用」です。

答えは95ページ

LESSON 78

漢字を書こう

シール

正かい 12もん中　もん　合かく10もん　月　日

① しかの□《つの》。

② □□《てがた》を とる。

③ 月の□《かたち》。

④ □《かく》ざとうが とける。

⑤ さん□《こう》に する。

⑥ 道具《どうぐ》を（　　）《もちいる》。

⑦ □□《にんぎょう》げき。

⑧ 数学の□□《てんさい》。

⑨ よく（　　）《かんがえる》。

⑩ つくえの□《かど》。

⑪ □□□《せいほうけい》。

⑫ 火の□□《ようじん》。

漢字を読もう

歌・毛・理・社・茶

シール

① 楽しく 歌う。［　　］

② 大すきな 歌。［　　］

③ 校歌の れんしゅう。［　　］

④ かみの毛。［　　］

⑤ 羊《よう》毛の セーター。［　　］

⑥ 地理に くわしい。［　　］

⑦ お社の そうじ。［　　］

⑧ 社長の あいさつ。［　　］

⑨ 茶わんを あらう。［　　］

⑩ 茶室での 作ほう。［　　］

正かい 10もん中 もん　合かく 8もん

チェックポイント

「毛」は、細い 毛を えがいた 漢字《かんじ》です。

「茶」の 「艹」（くさかんむり）は、草花に かんけいが ある ことを あらわします。

答えは95ページ

LESSON 80

漢字を書こう

① 大きな□□《けむし》。

② □□《かしゅ》になる。

③ お□《ちゃ》をいれる。

④ □《もう》筆《ひっ》で書く。

⑤ □《やしろ》にまつる。

⑥ 姉が（　）《うたう》。

⑦ 父の□□《かいしゃ》。

⑧ こう□《ちゃ》をのむ。

⑨ なつかしい□《うた》。

⑩ □□《しんり》テスト。

⑪ 整《せい》□《り》　整とん。

⑫ 太いまゆ□《げ》。

シール

正かい 12もん中　もん　合かく10もん

月　日

まとめテスト ⑪

シール

正かい 18もん中 もん 合かく15もん

1 つぎの ——の 読み方を 書きましょう。

① 五才［　　］の たん生日に 人形［　　］を 買［　　］ってもらう。

② 二本［　　］の 直線［　　］が 交［　　］わる。

③ 人［　　］の 立場［　　］に なって、考［　　］える。

④ 丸［　　］と 四角［　　］を 用［　　］いて 絵を かく。

④の「用いて」は つかってと いう ことだよ。

2 つぎの 漢字《かんじ》を 書きましょう。

① きれいな □□□《うたごえ》 が（　　　　）《きこえる》。

② □《きょう》 都《と》の 有名《ゆうめい》な □□《じしゃ》。

③ □□《のはら》 に まう 白い わた □《げ》。

④ □□《ちゃいろ》 い ぬの □《じ》 の ふく。

答えは95ページ

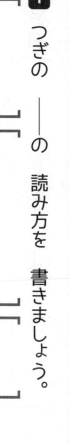

LESSON 82

まとめテスト ⑫

シール

正かい 18もん中　もん　合かく15もん　月　日

1 つぎの ―― の 読み方を 書きましょう。

① その お寺［　］の 門［　］の はしらは、太［　］い。

② 理科［　］の テストで 百点［　］を とった。

③ 画用紙［　］の 角［　］を 丸［　］く 切る。

④ ひろった 一万円［　］さつを 交番［　］に とどける。

2 つぎの 漢字《かんじ》を 書きましょう。

① □□《こうじょう》を たて（　　）《なおす》。

② □《ちゃ》の □《ま》で くつろぐ。

③ 日（　　）《あたり》の よい □□《とち》。

④ ふしぎな □《かたち》を した □《いわ》。

LESSON 83

仕上げテスト①

シール

正かい　18もん中　もん　合かく 15もん

1 つぎの――の よみ方を かきましょう。

① 千里の［　　］ 道も［　　］ 一歩から［　　］

② 太めの［　　］ 毛糸で［　　］ マフラーを あむ。

③ 黄色の［　　］ 風船を［　　］ もらった。

④ 母は、［　　］ 毎朝［　　］ お米を［　　］ たく。

2 つぎの 漢字《かんじ》を かきましょう。

① □《あね》は、□□《とうきょう》に すんで いる。

② （　　）《くろい》 □《くも》が 空に （　　）《ひろがる》。

③ □《あき》の □□□□《どくしょしゅうかん》。

④ 今年の □《ふゆ》は □□《おおゆき》が ふった。

答えは95ページ

仕上げテスト ②

シール

正かい
18もん中
もん　合かく15もん
月　日

1 つぎの――の 読み方を 書きましょう。

① 長い［　　］ 間、［　　］お世話《せわ》に なった 先生。

② 火曜日に、［　　］ピアノ教室に 通う。［　　］

③ 岩場に［　　］ すんで いる 魚たち。［　　］

④ 日ごろから 万一の［　　］ 場合に そなえよう。［　　］

2 つぎの 漢字《かんじ》を 書きましょう。

① □《え》はがきに □□《きって》を はる。

② □《とも》だちと □□《こうえん》に （　　《いく》）。

③ もう（　　《すこし》）で □《よる》が （　　《あける》）。

④ □《かお》を （　　《ちかく》）に よせる。

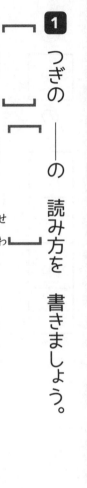

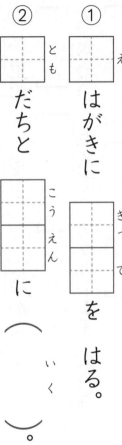

LESSON 85

仕上げテスト ③

シール

正かい 18もん中
もん 合かく15もん
月 日

1 つぎの ――の 読み方を 書きましょう。

① 妹［　　］は、目を 丸［　　］く して おどろいた。

② クラスがえて、また 同［　　］じ 組［　　］に なった。

③ 夏までに 体形［　　］を 元［　　］に もどす。

④ 大きな声で 歌［　　］うと 気分が 晴［　　］れる。

2 つぎの 漢字《かんじ》を 書きましょう。

① □《おや》の □《こころ》、子（　　）《しらず》

② そうじ □□《とうばん》が（　　）《まわって》きた。

③ うで □□《どけい》を（　　）《なおす》。

④ □□《さんとう》の □《うま》が（　　）《はしる》。

答えは96ページ

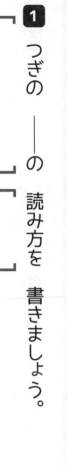

仕上げテスト ④

シール

正かい 18もん中 　もん 合かく15もん

月　日

1 つぎの ――の 読み方を 書きましょう。

① えきの 売店で 麦茶を 買う。
［　　］［　　］［　　］

② 語学力を つけて 海外に 行きたい。
［　　］［　　］［　　］

③ つばめは、春に よく 見かける 野鳥だ。
［　　］［　　］

④ 声に 強弱を つけて 音読する。
［　　］［　　］［　　］

2 つぎの 漢字《かんじ》を 書きましょう。

① ［　　　］《ちかしつ》の ある ［　］《いえ》。

② ［　　］《なんにん》 いるのか （　　）《かぞえる》。

③ （　　）《たのしい》 ［　］《なつ》休みを すごす。

④ なぞなぞの （　　）《こたえ》を （　　）《かんがえる》。

仕上げテスト⑤

シール

正かい 18もん中　もん　合かく 15もん

1 つぎの ――の 読みかたを 書きましょう。

① しずかに 白線［　　］の 内がわ［　　］で 電車［　　］を まつ。

② 用紙［　　］に 名前［　　］を きれいに 記入［　　］する。

③ 昼［　　］ごはんの 後［　　］に くすりを のむ。

④ 手話［　　］で 自分［　　］の 思［　　］いを つたえる。

2 つぎの 漢字《かんじ》を 書きましょう。

① えきの ［　　］《ほうがく》に （　　）《あるく》。

② お［　］《てら》の かねを （　　）《ならす》。

③ ［　］《ちち》が いないと、心（　　）《ぼそい》。

④ 夕空に ［　　　］《いちばんぼし》が （　　）《ひかる》。

答えは96ページ

仕上げテスト ⑥

シール

正かい 18もん中 もん 合かく15もん 月 日

1 つぎの ―― の 読み方を 書きましょう。

① 兄弟［　］で 肉［　］まんを 半分［　］ずつ 食［　］べた。

② かれは、来月［　］、母国［　］に 兄と 帰［　］る。

③ 新聞社［　］の 前で 記者《きしゃ》と 会［　］う。

④ コンクリートで 家の 土台［　］を 作［　］る。

2 つぎの 漢字《かんじ》を 書きましょう。

① ［　　　　］《とうざいなんぼく》の 四方向《よんほうこう》。

② （　）《とおく》の 海を ［　　］《きせん》が 行く。

③ （　）《ふるい》［　　］《ちず》を 手に 入れる。

④ とき方を ［　　］《しんせつ》に （　）《おしえる》。

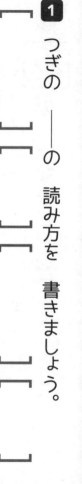

①

1 ①ごがつ・いつか・ひ ②き・し
た・あま ③おがわ・いし
④おとこ・た・つち

2 ①三百年・森 ②竹・入る
③足・八本 ④文・正しく

アドバイス 1 ①「五日」の読み方に注意します。日付けの読み方には「一日《ついたち》」や「二《ふつ》日《か》」のように特別な読み方が多いので、しっかり確認しておきましょう。

②

1 ①はなび・おと ②きゅうじ
つ・ほん ③ひと・みぎ・ひだ
り ④しんりん・くうき

2 ①目・耳・学ぶ ②金・出す
③先生・力 ④白い・貝

③

1 ①せん・めいじん ②はやし・
なか・たいぼく ③すい・で
④こいぬ・に・う

2 ①左右・見て ②青い・糸
③天気・一日 ④王・手

④

1 ①い・だい ②そら・みかづき
③か・くさ ④にゅうりょく・
ぶん

2 ①十円玉・七 ②赤・手・小さ
い ③車・見学 ④水・女・子

アドバイス 1 ①「生」には、「い(きる)」「は(える)」「う(まれる)」のように複数の訓読みがあることを確認しておきましょう。

⑤

1 ①あめ・はや・あ ②ここの・
た ③おお・まる ④しょうが
つ・としだま

2 ①青空・下・立つ ②休み・土
③町・小学校 ④虫・名

⑥

1 ①ちくりん・くさばな・め
②か・ゆうひ ③だんじょ・ろ
くにん ④さき・げこう

2 ①天・川・見る ②音・口
③火山・村 ④四月・二年生

アドバイス 2 ①「天」は、一画目の横棒を、二画目の横棒よりも長く書きます。

⑦

①こうし ②ぎゅう ③こう
④く ⑤や ⑥や ⑦し ⑧ちじ
ん ⑨か ⑩しょめい

⑧

①牛 ②木工 ③矢 ④知り
⑤人工 ⑥知 ⑦書く ⑧矢
⑨知る ⑩大工 ⑪牛 ⑫文書

アドバイス ①「牛」は上をつき出し、「矢」は上をつき出さないことを確認しましょう。

⑨

①い ②おこな ③こう ④はね
⑤にわ ⑥にく ⑦みずいろ
⑧しょく ⑨かた ⑩いっぽう

⑩

①五行 ②三羽 ③夕方 ④行い
⑤肉 ⑥行 ⑦肉 ⑧色 ⑨四方
⑩羽 ⑪青色 ⑫行き

アドバイス ②の「羽」は、鳥やうさぎなどを数えるときに用います。動物の数え方には他に「頭」や「ひき」などがあります。

⑪ ①とも ②ゆう ③と ④いっこ ⑤い ⑥こごと ⑦めいげん ⑧たにがわ ⑨くび ⑩しゅ

⑫ ①一首 ②戸 ③友 ④言う ⑤谷 ⑥手首 ⑦言 ⑧谷 ⑨友 ⑩方言 ⑪戸 ⑫言

アドバイス ⑤「谷」は、山と山の間にある地形のことです。また、調子が悪いときなどをたとえるときにも使います。

⑬ ①やまざと ②さんり ③むぎ ④なが ⑤ちょうじょ ⑥かぜ ⑦ふうう ⑧た ⑨く ⑩ゆうしょく

⑭ ①食 ②長さ ③麦 ④千里 ⑤食 ⑥風車 ⑦風 ⑧里 ⑨校長 ⑩食べる ⑪里 ⑫小麦

アドバイス ④の「里」は、距離を表す単位です。約三・九キロメートルを指します。

⑮ ①ま ②もくば ③たか ④こう ⑤さかな ⑥にんぎょ ⑦き ⑧おうどいろ ⑨くろ ⑩こく

⑯ ①黒 ②高まる ③黄色 ④金魚 ⑤高い ⑥黄金 ⑦魚 ⑧黒 ⑨馬 ⑩黒い ⑪高校生 ⑫馬車

アドバイス 一年生で「赤・青・白」、二年生で「黄・黒・茶」を習います。色を表す仲間の漢字として確認しておきましょう。

---

⑰ **1** ①ちりょく・たか ②い(ゆ)・ゆうじん・し ③しらは・や ④うま・そうしょく
2 ①黄・色 ②牛・工 ③魚・肉・方 ④長文・書く

⑱ **1** ①い・かた・く ②と・おこな ③むらざと・むぎ・かぜ ④ちくば・とも
2 ①谷・高山 ②牛・食べる ③羽・黒い ④首・長く

アドバイス **1**④「竹馬の友」は「幼なじみ」という意味の故事成語、**2**④「首を長くする」は「待ちこがれる」という意味の慣用句です。

⑲ ①しる ②きめい ③はか ④せいけい ⑤かた ⑥げんご ⑦よ ⑧どくしょ ⑨はな ⑩わ

⑳ ①話 ②記 ③話す ④計る ⑤語り ⑥音読 ⑦日本語 ⑧読 ⑨記す ⑩読む ⑪話 ⑫計

アドバイス 「言」(ごんべん)のつく漢字は、言葉に関係があります。

㉑ ①え ②かい ③こま ④ほそ ⑤さい ⑥かみ ⑦し ⑧せん ⑨く ⑩そ

㉒ ①紙 ②細工 ③絵 ④組む ⑤細い ⑥赤組 ⑦色紙 ⑧線 ⑨絵 ⑩細かい ⑪線 ⑫組

アドバイス ⑤⑩「細」の訓読みは、「こま(かい)」と「ほそ(い)」です。読み方によって送り仮名がちがうことに注意しましょう。

㉓ ①とお ②えん ③ちか ④きんねん ⑤しゅうきゅう ⑥とお ⑦かよ ⑧つうき ⑨やまみち（さんどう） ⑩どう

㉔ ①一週 ②通う ③遠出 ④近づく ⑤道 ⑥遠く ⑦通学 ⑧水道 ⑨遠足 ⑩通る ⑪近 ⑫週

アドバイス 「⻌」（しんにょう・しんにゅう）のつく漢字は、道や歩くことに関係があります。

㉕ ①うみ ②かいすい ③かつ
④かつりょく ⑤きしゃ ⑥いけ
⑦ち ⑧ふね ⑨ふな ⑩げせん

㉖ ①池 ②汽車 ③船 ④海 ⑤池
⑥活気 ⑦船 ⑧海 ⑨生活
⑩船長 ⑪海 ⑫汽

アドバイス 「氵」（さんずい）のつく漢字は、水に関係があります。

㉗ ①とき ②じ ③ば ④せい
⑤あか ⑥あ ⑦あき ⑧めい
⑨きんようび ⑩こうせい

㉘ ①明かり ②公 ③時 ④明るい
⑤火曜日 ⑥四時 ⑦明ける
⑧晴天 ⑨土曜日 ⑩明白 ⑪公
⑫晴れ

アドバイス ①④⑦「明」には、「あか（るい）」「あ（ける）」など複数の訓読みがあることを確認しておきましょう。

㉙ **1** ①ふね・かいちゅう ②えんそく・にっき ③あか・かっ
④つうがく・とお・みち・ほそ

2 ①時計・三時 ②近・語らう
③語・話す ④池・組む

㉚ **1** ①ちか・こうりつ ②せんしゅう・にちようび・はなし ③とお・は ④せん・きしゃ

2 ①計って・記す ②道・読む
③紙・細かく ④明け・海・絵

アドバイス **2**①「計る」は、時間に対して使う漢字です。長さや重さに対して使う「はかる」は、使い分けが必要です。

㉛ ①えん ②まわ ③かい ④くに
⑤こく ⑥てんきず ⑦としょ
⑧みずか ⑨し ⑩じせい

㉜ ①二回目 ②自ら ③国 ④園長
⑤自 ⑥天国 ⑦図 ⑧回る
⑨図書 ⑩自 ⑪園 ⑫王国

アドバイス ②「自ら」は「自分から」という意味です。聞きなれない言葉なので、例文と合わせて学習しましょう。

㉝ ①ふる ②こぶん ③あ ④ごうけい ⑤たい ⑥いちだい ⑦おな ⑧どうしょく ⑨すこ
⑩しょうしょく

㉞ ①古い ②合い ③同じ ④台風
⑤少年 ⑥中古 ⑦少し ⑧合う
⑨同時 ⑩少ない ⑪合 ⑫台本

アドバイス ⑦⑩「少」の訓読みは、「すく（ない）」「すこ（し）」です。読み方によって送り仮名がちがうことに注意しましょう。

㉟ ①なに（なん） ②なんにん ③つく ④めいさく ⑤からだ

⑥にくたい　⑦いえ　⑧いっか
⑨け　⑩しつ

㊱ ①作家　②体　③作り　④室
⑤家　⑥何本　⑦図書室　⑧家
⑨作　⑩家　⑪何　⑫体力

アドバイス 「宀（うかんむり）」のつく漢字は、家屋に関係があります。

㊲ ①かたな　②めいとう　③き
④せつ　⑤わ　⑥じゅうにんぶん
⑦まえ　⑧ぜんじつ　⑨うし
⑩こうほう

㊳ ①前　②食後　③切れ　④木刀
⑤大切　⑥五分　⑦後ろ　⑧前回
⑨後　⑩水分　⑪小刀　⑫分け

アドバイス ④⑪「刀」は「力」と形が似ています。上をつき出すかつき出さないかで別の字になってしまいます。

㊴ ①くも　②うんかい　③ゆき
④せつじょうしゃ　⑤でんりょく
⑥でんせん　⑦ざん　⑧さん
⑨こた　⑩とう

㊵ ①雲　②電池　③雪　④答える
⑤算　⑥入道雲　⑦雪国　⑧正答
⑨算　⑩電気　⑪雪　⑫雨雲

アドバイス 「⻗（あめかんむり）」のつく漢字は、天気に関係があります。

㊶ 1 ①たかだい・でんえん　②こく・ご・さくぶん　③おな・き・わ
④ごうどう・たい
2 ①古い・家　②何・後・回し
③電話・回答　④計算・少女

㊷ 1 ①めいとう・こ　②いえ・すく・さんじっぷん　③みずか・ずこうしつ　④じぶん・こた・あ
2 ①何・作る　②体・前後　③雲・切れ　④雪・国

アドバイス 2②「前後」は、反対の意味をもつ漢字を組み合わせた熟語です。

㊸ ①ゆみ　②ゆみ　③よわ　④じゃく　⑤おとうと　⑥だい　⑦ひ
⑧いん　⑨つよ　⑩きょう

アドバイス ⑤「弟」の読みは「おとおと」ではなく、「おとうと」です。発音と表記が異なるので注意しましょう。また、「妹」「お母さん」「お父さん」「お姉さん」「お兄さん」も同様の注意が必要です。

㊹ ①弱い　②強火　③引き　④弓
⑤弟　⑥引く　⑦強風　⑧弓矢
⑨強い　⑩弱気　⑪引　⑫弱肉強食

アドバイス ⑫「弱肉強食」は、「強いものが弱いものをかて（えさ）にし、栄えること」を意味する故事成語です。古い中国の話がもとになっています。

㊺ ①あに　②にい　③もと　④ちゅうげん　⑤がんねん　⑥ひか
⑦ひかり　⑧げっこう　⑨あね
⑩いもうと

㊻ ①元気　②姉　③光　④元日
⑤兄　⑥光る　⑦妹　⑧兄弟
⑨元　⑩日光　⑪光線　⑫元

㊼ ①はは　②ぼこく　③まいつき
④まいかい　⑤ちち　⑥ふ　⑦なつ　⑧か　⑨ふゆやま　⑩とう

㊽ ①父母 ②冬 ③母子 ④夏
⑤母 ⑥父 ⑦夏 ⑧毎年 ⑨冬
⑩毎週 ⑪夏 ⑫冬空

アドバイス ①③⑤⑧⑩「母」と「毎」には、形がよく似た部分があります。書き分けに注意しましょう。

㊾ ①そと ②ほか ③がいしゅつ
④おお ⑤たしょう ⑥よあ
⑦やしょく ⑧かがく ⑨あき
⑩ちゅうしゅう

㊿ ①夜中 ②外す ③夜 ④百科
⑤多 ⑥秋 ⑦外 ⑧秋分 ⑨夜行 ⑩外国 ⑪多い ⑫科目

アドバイス ⑧「秋分の日」は、毎年九月二十三日ごろで、国民の休日(祝日)の一つです。

(51) ①はる ②せいしゅん ③ほし
④かせい ⑤ひる ⑥ちゅうしょく ⑦あさ ⑧ちょう ⑨うちき
⑩ない

(52) ①昼 ②室内 ③春分 ④昼食
⑤早朝 ⑥朝 ⑦内 ⑧小春
⑨内 ⑩土星 ⑪星 ⑫春

アドバイス 「朝・昼・夜」は、時間を表す仲間の漢字です。一まとまりにして覚えておくとよいでしょう。⑧「小春日和」は、晩秋から初冬にかけての暖かな天気のことです。

(53) **1** ①おとうと・まいにち・げんき
②きょうりょく・こうせん
③ゆみ・ひ ④よわね・いもうと・あね

2 ①外・内 ②母・兄・朝 ③外国人・多い ④春夏秋冬

アドバイス **2**④「春夏秋冬」は、四字熟語です。四つの季節を並べるときは、必ずこの順序になります。

(54) **1** ①とう・ちょう ②にい・ないか ③ふゆ・はる ④ねえ・ぼこう

2 ①夏・昼・夜 ②外・元 ③木星・引力・強い ④星・光る

アドバイス 家族を表す漢字は自分の家族を思いうかべると、覚えやすくなります。「父母」や「兄弟」のように対になる漢字を組み合わせた熟語も一緒に覚えておくとよいでしょう。

(55) ①たの ②きらく ③ひがし
④とうほう ⑤く ⑥らいげつ
⑦おし ⑧きょうか ⑨かぞ
⑩すうねんまえ

(56) ①楽園 ②教室 ③数 ④楽しむ
⑤東 ⑥教える ⑦来る ⑧数字
⑨来年 ⑩楽 ⑪東 ⑫数える

(57) ①こころ ②ほんしん ③おも
④し ⑤であ ⑥たいかい ⑦いま ⑧こんや ⑨にし ⑩せい

(58) ①思 ②西日 ③中心 ④会話
⑤心 ⑥西 ⑦会う ⑧今月
⑨西 ⑩今日 ⑪思う ⑫今

アドバイス ②「西日」とは、太陽がしずんでいく、夕方ごろの日の光を指した言葉です。時間によって、日の光を表す言葉がかわることに注意しましょう。

㊾ ①こえ ②めいせい ③う ④ばい ⑤とり ⑥ちょう ⑦な ⑧こめ ⑨まい ⑩べいしょく

㊿ ①声 ②白米 ③売 ④米作 ⑤鳥 ⑥売る ⑦鳴く ⑧白鳥 ⑨米 ⑩音声 ⑪売り ⑫鳴

(61) ①かえ ②き ③いち ④しがい ⑤ひろ ⑥こう ⑦みせさき ⑧しょてん ⑨きたかぜ ⑩ほくじょう

(62) ①帰国 ②朝市 ③店 ④広大 ⑤北 ⑥来店 ⑦帰る ⑧東北 ⑨市 ⑩広げる ⑪北国 ⑫市町村

アドバイス ⑫「市町村」は、市と町と村の総称です。三つ並べるときは、必ずこの順序になります。

(63) ①しょうご ②みなみ ③なんせい ④なか ⑤ぜんはん ⑥かお ⑦がん ⑧あたま ⑨ず ⑩いっとう

(64) ①午後 ②顔 ③南 ④顔 ⑤頭 ⑥半年前 ⑦頭上 ⑧半ば ⑨教頭 ⑩顔色 ⑪午前中 ⑫南国

アドバイス 二年生で習う体の部分を表す漢字は「頭・顔・首」です。それぞれどの部分を指すかを考えると、覚えやすいです。一年生で習った「目・耳・口・手・足」も一緒に確認しましょう。

(65) ①と ②きゅうし ③ある ④ごほ ⑤はし ⑥りきそう ⑦した ⑧にくしん ⑨にい ⑩しんせつ

(66) ①新たな ②止める ③中止 ④走行 ⑤歩く ⑥新入生 ⑦歩み ⑧親しい ⑨歩行 ⑩新しい ⑪走り ⑫親子

アドバイス ⑪「走り書き」とは、「急いで書くこと」や「急いで書いたもの」を意味する言葉です。

(67)
1 ①ごごさんじはん・あ ②しちょう・かえ ③きこく・かお・ひろ ④べいこく・らいにち
2 ①東・西 ②店・教える ③小鳥・鳴き・声 ④人数・数える

(68)
1 ①いま・しんゆう・ほっかいどう ②ちちおや・ほどう ③てんとう・こめ・う ④あら・しんねん
2 ①東西・走る ②音楽・止める ③思いやり・心 ④南・教室

(69) ①きょう ②ま ③こう ④いわやま ⑤かざんがん ⑥なお ⑦ただ ⑧ちょくぜん ⑨はら ⑩こうげん

(70) ①草原 ②直す ③上京 ④交わる ⑤岩石 ⑥京 ⑦原 ⑧交じる ⑨日直 ⑩交通 ⑪正直 ⑫岩

(71) ①あしば ②かいじょう ③ちか ④じごえ ⑤ふと ⑥たいこ ⑦てら ⑧とうだいじ ⑨あ ⑩けんとう

答え

⑫
①地　②当たり　③入場　④寺
⑤太　⑥地元　⑦太い　⑧当て
⑨太　⑩広場　⑪寺　⑫当日

アドバイス ⑤⑦⑨「太」は、「大」や「犬」とよく似た漢字です。点の有無、位置で別の字になってしまいます。

⑬
①がか　②けいかく　③みせばん
④ばんけん　⑤てんか　⑥てんすう　⑦まんねん　⑧まる　⑨まる
⑩いちがん

⑭
①番組　②点線　③丸める　④点数　⑤万歩計　⑥画　⑦丸顔
⑧画数　⑨百万年　⑩丸　⑪番
⑫図画

アドバイス 「一・十・百・千・万」は、数の単位です。算数の学習にもつながるので、しっかり身につけておきましょう。

⑮
①もん　②にゅうもんしょ　③あいだ　④てま　⑤じかん　⑥き
⑦けんぶん　⑧か　⑨の　⑩やそう

⑯
①広間　②売買　③年間　④野山
⑤買い　⑥新聞紙　⑦門　⑧人間
⑨聞く　⑩正門　⑪間　⑫野生

⑰
①かたち　②ずけい　③かど
④さんかく　⑤さい　⑥はっさい
⑦かんが　⑧こう　⑨もち　⑩さよう

アドバイス ③④「角」には、「カク」「つの」「かど」の読み方があります。問題文をよく読んで、読みを答えるようにしましょう。

⑱
①角　②手形　③形　④角　⑤考
⑥用いる　⑦人形　⑧天才　⑨考える　⑩角　⑪正方形　⑫用心

⑲
①うた　②うた　③こうか　④け
⑤もう　⑥ちり　⑦やしろ
⑧しゃちょう　⑨ちゃ　⑩ちゃしつ

⑳
①毛虫　②歌手　③茶　④毛
⑤社　⑥歌う　⑦会社　⑧茶
⑨歌　⑩心理　⑪理　⑫毛

アドバイス ⑤「社（やしろ）」は、神様を祭る建物や場所のことです。

㉑
1 ①ごさい・にんぎょう・か
②ちょくせん・まじ　③たちば・かんが　④まる・しかく・もち
2 ①歌声・聞こえる　②京・寺社
③野原・毛　④茶色・地

㉒
1 ①てら・もん・ふと　②りか・ひゃくてん　③がようし・かど・まる　④いちまんえん・こうばん
2 ①工場・直す　②茶・間　③当たり・土地　④形・岩

㉓
1 ①せんり・みち・いっぽ　②ふと・けいと　③きいろ・ふうせん　④まいあさ・こめ
2 ①姉・東京　②黒い・雲・広がる　③秋・読書週間　④冬・大雪

「アドバイス」 1 ①「千里の道も一歩から」は、「どんな大きな仕事や計画も身近なことから始め、努力することが大切だ」という意味の故事成語です。

⑧④ 1 ①なが・あいだ ②かようび・かよ ③いわば・さかな ④まんいち・ばあい

2 ①絵・切手 ②友・公園・行く ③少し・夜・明ける ④顔・近く

⑧⑤ 1 ①いもうと・まる ②おな・くみ ③たいけい・もと ④うた・は

2 ①親・心・知らず ②当番・回って ③時計・直す ④三頭・馬・走る

「アドバイス」 1 ①「目を丸くする」は驚いた様子を表す慣用句です。「目を三角にする」「長い目で見る」のように、目を用いた慣用句はたくさんあります。

⑧⑥ 1 ①ばいてん・むぎちゃ・か ②ごがく・かいがい・い ③はる・やちょう ④こえ・きょうじゃく

2 ①地下室・家 ②何人・数える ③楽しい・夏 ④答え・考える

⑧⑦ 1 ①はくせん・うち・でんしゃ ②ようし・なまえ・きにゅう ③ひる・あと ④しゅわ・おも

2 ①方角・歩く ②寺・鳴らす ③父・細い ④一番星・光る

⑧⑧ 1 ①きょうだい・にく・はんぶん・た ②らいげつ・ぼこく・かえ ③しんぶんしゃ・あ ④どだい・つく

2 ①東西南北 ②遠く・汽船 ③古い・地図 ④親切・教える

「アドバイス」 2 ①「東西南北」は、四字熟語です。四つの方角を並べるときは、必ずこの順序になります。また、「東西」「南北」「北東」「南西」などのように、いろいろな組み合わせで方角を表すことにも注意しましょう。

☆24